Georges Sorel

Pour ou contre
le socialisme

essai

ISBN : 978-1533118387

10 9 8 7 6 5 4 3 2 1

Georges Sorel

Pour ou contre le socialisme

essai

Table de Matières

Pour ou contre le socialisme

M. Merlino [1] a été longtemps classé parmi les écrivains anarchistes ; il s'était séparé de ses anciens amis, il y a quelque temps, en conseillant le vote ; mais c'était là un détail de bien minime importance. Le livre qu'il publie aujourd'hui est « d'un qui ne fut jamais anarchiste », comme disent les *Temps nouveaux* (21 août 1897) : il « prouve jusqu'à l'évidence que ce pseudo-libertaire ignore les bases de l'idée anarchiste et ses progrès en clarté et en logique ». Dans la *Critica sociale* du 16 juillet se trouve un compte rendu très sympathique, où l'on signale cet ouvrage comme une excellente contribution à la révision, devenue nécessaire, des principes fondamentaux du socialisme [2].

Les partis socialistes semblent extrêmement divisés, quand on examine la question superficiellement ; mais ils ont tous un fond commun important, qui se manifeste dès que l'on passe de l'idéologie à la vie pratique. M. Merlino estime qu'il n'y a en France que deux groupes : d'un côté les marxistes, les possibilistes et autres légalitaires, qui se sont inspirés dans leurs programmes des idées de M. Brousse (p. 279) ; - de l'autre les ouvriers socialistes-révolutionnaires (p. 284). Mais encore faut-il ajouter que ces deux groupes ont de grandes analogies, car les révolutionnaires ont, dans leur congrès de Dijon, en 1894, adopté un programme agraire fort semblable à celui que les marxistes ont rédigé à Marseille en 1892 et complété à Nantes en 1894. C'est que, suivant M. Merlino, « les principes organisateurs [du socialisme] ne doivent pas être déduits... de doctrines scientifiques particulières, mais de l'observation des besoins et des tendances de la société dans laquelle nous

---

1 Saverio, MERLINO, *Pro e contro il socialismo. Esposizione critica dei principii e dei sistemi socialisti*, 1 vol. in-16 de 387 pages, Milan, Treves frères, éditeurs, 1897.
2 L'auteur ajoute qu'il ne s'agit pas de faire de l'éclectisme et il cite, avec éloge l'œuvre entreprise par *Le Devenir social*. Le marxisme ne doit pas devenir, en effet, ce qu'indique M. G. RENARD (*Socialisme intégral et marxisme*, p. 23), « une cote mal taillée entre le bloc anguleux [qu'il] fut d'abord et le socialisme intégral ». - Cet universitaire n'a-t-il pas la singulière idée de reprocher à Engels d'avoir en 1894, *un peu tardivement*, adopté la théorie des *idées-forces* (!) et tenu compte des objections de Malon ? (*op. cit.*, p. 20). Malheureusement, l'article d'Engels sur Feuerbach traduit en 1894 était ancien et il s'inspirait de travaux faits, en collaboration avec Marx, il y a une cinquantaine d'années ! Le bric-à-brac des idées-forces et du socialisme intégral n'a jamais préoccupé Engels.

Georges Sorel

vivons, de leurs transformations progressives et des combinaisons sociales qui en jaillissent » (p. 10).

De cette situation est résulté un important rapprochement entre les doctrines elles-mêmes. Ce rapprochement a donné naissance à un mot nouveau, qui est venu enrichir notre langue politique, déjà si riche en charabia : quand on bavarde à tort et à travers sur les questions sociales, on fait du *socialisme intégral*. Le besoin d'une grande latitude doctrinaire s'est fait tant sentir que M. Merlino peut noter les analogies remarquables qui existent entre les idées de M. Malatesta et celles que M. G. Renard a exposées dans sa brochure : *Socialisme libertaire et anarchie* (p. 277) [1].

M. Merlino apporte une solution autre que cet éclectisme singulièrement plat. Il dit que le socialisme n'est attaché à aucune doctrine déterminée (p. 6) ; - qu'il est nécessaire, pour en bien comprendre l'essence, de le dégager des théories philosophiques, économiques et sociologiques, auxquelles on a voulu l'associer (p. 36) ; - qu'il ne faut pas confondre la substance avec la forme et ses modalités (p. 42). Il considère le socialisme comme une aspiration, une tendance, ou mieux encore, une *acquisition de la conscience humaine,* que l'on doit rapprocher du Christianisme, de la Réformation, du Libéralisme des Encyclopédistes : chacun de ces mouvements, en s'associant à des tendances particulières (idées scientifiques et pensées morales), a donné naissance à des formes très variées (p. 5).

L'auteur ne donne, nulle part, une définition très précise de *l'essence du socialisme ;* et il est, en effet, bien difficile de définir des tendances de ce genre. Voici quelques-unes de ses formules : « égalité des conditions de base de l'indépendance des individus et harmonie dans la coopération pour le bien-être commun » (p. 37) ; - « aspiration au bien-être général, à l'égalité des conditions,

---

1 On peut observer aussi une évolution très marquée chez les anarchistes ; il ne serait plus exact, aujourd'hui, de dire que les anarchistes attendent « de la misère étendue et intensifiée la transformation de l'ordre social » (*Programme agraire du parti ouvrier français,* p. 2) ; beaucoup d'entre eux s'occupent de syndicats, comme l'a signalé M. J. BOURDEAU, dans la circulaire du *Musée social* du 31 juillet 1897. M. LAGARDELLE a indiqué aussi un *anarchisme possibiliste à* propos de la coopération (*Devenir social,* août-septembre 1897). M. J. GRAVE s'indigne de voir des anarchistes, comme M. Malato, parler de *chefs* (*Temps nouveaux,* 24 juillet 1897).

à la systématisation des rapports sociaux » (p. 3) ; - « aspiration à un ordre plus raisonnable et plus juste, à une société où non seulement le sort des hommes soit amélioré, mais aussi où les hommes puissent être et soient meilleurs » (p. 58) ; « sentiment de justice et de solidarité » (p. 45) ; - « tendance qui conduit à l'égalité et à la justice » (p. 5).

On voit quel rôle les préoccupations morales jouent ici : « si ceux qui se disent socialistes- chrétiens viennent affirmer que le principe de justice est fondamental, que la question sociale est surtout une question morale, nous sommes d'accord avec eux » (p. 6).

Le chapitre qui a été peut-être le mieux traité est celui qui se rapporte à la justice et aux rapports qui existent entre la justice distributive et la justice rétributive. La première nous fait connaître « la solidarité entre les hommes, c'est-à-dire l'obligation de l'aide mutuelle et l'égalité des conditions et le concours de tous pour assurer les conditions générales du bien-être. La justice rétributive nous donne l'obligation du travail et la proportionnalité entre la rémunération et l'œuvre. La justice distributive exige que le travail soit modéré, proportionné aux forces de l'individu et socialement utile, que la consommation soit suffisante pour restaurer les forces dépensées dans la production » (p. 150).

Pour démontrer que le socialisme est bien une acquisition de la conscience moderne, il faut prouver qu'en dehors des partis socialistes il existe encore une tendance socialiste ; c'est ce qui a été maintes fois signalé dans les discussions sur la législation ouvrière (p. 51) ; les institutions patronales, elles-mêmes, subissent, d'après M. A. Leroy-Beaulieu, une évolution anti-patronale (p. 50) ; des adversaires, comme M. G. Richard, annoncent au nom de la science sociologique la disparition de la classe oisive (p. 315) ; enfin, il n'y a pas jusqu'au « puissant sentiment moral qui se révèle dans la littérature, dans l'art, dans les sciences sociales, dans la vie et dans les relations soit entre individus, soit entre peuples », qui ne soit une manifestation de « la véritable et *irréductible* essence du socialisme » (p. 54).

Ce n'est pas que M. Merlino croie à l'efficacité de la réforme individuelle, il faut que la moralisation porte sur l'homme et sur les institutions (p. 370). « Si les hommes restaient moralement ce

Georges Sorel

qu'ils sont aujourd'hui, les inégalités reparaîtraient... Inversement, l'élévation morale ne peut se réaliser tant que dure la lutte brutale pour l'existence... L'abolition du monopole et du salariat, la solidarité et l'aide mutuelle ne peuvent surgir par l'effet d'une déclaration ; il faut qu'ils soient incarnés dans des institutions vitales » (p. 371).

À l'heure actuelle, il existe une grande différence entre la morale professée de bouche et la morale pratiquée (p. 353) ; tout verbalisme nouveau serait donc fort inutile. - « Chaque classe a deux morales, l'une pour les rapports entre les membres de l'agrégat et l'autre pour les rapports avec les autres classes » (p. 328). - « Le même individu agit de manières très différentes comme père de famille, comme homme d'affaires, comme citoyen, comme membre d'un parti politique, d'une classe, d'une profession » (p. 355). - « Tous les membres des sociétés contemporaines... agissent contre leurs vrais intérêts et les meilleurs sentiments de leur cœur » (p. 359), de là résulte l'indescriptible angoisse morale d'aujourd'hui (p. 358).

La discussion à laquelle l'auteur se livre sur la théologie morale des casuistes n'est pas très clairement présentée : ces livres doivent être jugés comme des recueils de jurisprudence pénale ; la question est de savoir si les règles qu'ils contiennent avaient une influence sérieuse sur la conduite des gens d'autrefois. Il est étonnant que M. Merlino (qui est un juriste distingué) n'ait pas observé ici combien la forme traditionnelle de la jurisprudence criminelle est peu appropriée à la morale, qui a besoin de spontanéité et de liberté ; - cela est d'autant plus étonnant qu'il a fort bien mis en lumière l'énergie extraordinaire des actes « qu'il n'est pas possible de soumettre à des règles précises, constantes et uniformes » (p. 199). Quoi qu'il en soit, on est généralement d'accord, aujourd'hui, pour reconnaître que le catholicisme ne fournit pas une garantie sérieuse à la justice [1] (p. 380).

1 Je crois que M. Merlino n'a pas été heureux en invoquant les taxes de pénitencerie de Jean XXII, publiées (et assez mal traduites) par M. Dupin de Saint-André, en 1879 (p. 380) ; il les cite de seconde main et n'a pu en bien apprécier le caractère ; ainsi il dit : « pas d'absolution pour le contumace » ; il s'agit de criminels qui sont tenus (à moins d'impossibilité) de venir en personne implorer leur pardon au Saint-Siège. Tout le Moyen Âge a considéré la justice surtout au point de vue fiscal et n'a jamais bien distingué les peines pécuniaires et les impôts judiciaires. Dans ce document, il s'agit de taxes des brefs et non des ventes d'absolutions ; les chiffres suffiraient à montrer de quoi il est question : pour avoir donné la communion à des excommuniés, vol des objets sacrés, tué un prêtre, porté des souliers à la poulaine,

J'ai longuement insisté sur ces préliminaires parce qu'il était nécessaire de bien comprendre cette théorie pour se rendre compte de ce qui va suivre. « Le socialisme doit cesser d'être doctrinaire, descendre des hauteurs olympiennes..., lutter pour des réformes pratiques réclamées par les masses et non point pour des principes abstraits » (p. 307). - « Il faut avoir le courage de reconnaître que les petites réformes sont autre chose que des palliatifs, que ce sont les germes, pour mieux dire, les éléments du socialisme » (p. 300). - Même les simples réformes politiques ont leur importance (p. 304) ; « la lutte électorale bien conduite, peut servir à élever la moralité du peuple et émanciper son esprit » (p. 306).

De toutes les causes qui ont amené les partis socialistes à s'occuper des petites réformes pratiques, il faut signaler, en première ligne, la nécessité d'agir dans les campagnes. En 1894, M. Bebel, à Francfort, disait encore : « Si les paysans ne veulent pas se laisser convaincre, nous ne nous occuperons pas d'eux » ; mais, observe M. Merlino, les paysans ne constituent-ils pas la plus grande partie du prolétariat et l'émancipation des travailleurs ne doit-elle pas être l'œuvre des travailleurs eux-mêmes, d'après Marx ? (p. 33). Non seulement on s'est préoccupé des petits propriétaires, mais encore des fermiers [1] ; il a même été question de donner à l'État le commerce des blés pour assurer aux propriétaires fonciers un fermage suffisant dans les régions médiocrement fertiles.

D'autre part, il n'est pas douteux que le mouvement socialiste -tel qu'il est - subit, dans une large mesure, l'influence de forces venant des classes bourgeoises (p. 31). La petite bourgeoisie souffre beaucoup de la situation économique actuelle ; elle n'a plus d'intérêts bien sérieux au maintien de l'ordre capitaliste ; et M. Merlino pense qu'elle a compris que « la vraie liberté ne peut exister que dans une société d'égaux » (p. 291). Puisque le socialisme est parvenu à persuader les ouvriers de subordonner leurs intérêts particuliers aux perspectives d'une commune émancipation,

---

mangé de la viande en carême, 7 gros ; pillage et incendie d'église, 8 gros ; dispense pour mariage à degrés prohibés, 17 à 27 gros.

1 On a quelquefois dit que la législation sociale avait seulement pour but de rendre la prolétarisation moins pénible. M. Merlino pense qu'elle a pour effet de retarder la concentration du capital et la prolétarisation des masses (p. 296), c'est-à-dire d'éloigner ce qu'on considère, d'ordinaire, comme la condition nécessaire de la révolution.

Georges Sorel

pourquoi n'arriverait-il pas à convaincre la petite bourgeoisie et ne l'amènerait-il pas à s'unir au prolétariat pour un meilleur avenir (p. 291). « Le socialisme, loin de diviser les hommes, les unit ; inculque l'esprit de solidarité... à tous les hommes de cœur en faveur de ceux qui souffrent ; et dans les luttes, qui se livrent actuellement entre les différents groupes, il intervient pour donner une direction en vue du progrès général » (p. 32).

M. Merlino s'efforce de démontrer que l'on a exagéré les conceptions de lutte, qu'on en a fait un dogme qu'on emploie à tort et à travers [1] ; il dit : « La loi la plus générale, qui préside à l'évolution cosmique et sociale, n'est pas celle de la lutte, mais de la coopération, de la mutuelle compénétration des parties qui composent l'univers » (p. 346). Une formule aussi abstraite ne peut pas nous apprendre grand-chose ; mais on comprend mieux ce que veut dire l'auteur quand on examine sa conception du développement. « Le contenu de la société est partie matériel, partie immatériel. Il se compose d'idées, de sentiments communs à tous les individus qui vivent dans un même agrégat... Il se compose aussi de moyens appropriés à la satisfaction des besoins humains, de biens matériels.... de richesses accumulées, de voies de communication, d'expériences et de connaissances transmises d'époque à époque » [2] (p. 63). Tout

1 M. Merlino fait au sujet du *mystère de l'adaptation* quelques remarques très justes « À défaut de critérium d'adaptabilité dire que les plus aptes survivent équivaut à dire que les survivants sont plus aptes par la raison qu'ils survivent » (p. 334) ; et il rejette la prétendue division des êtres en aptes et inaptes. Il montre que le principe d'inadaptabilité posé par M. Spencer ne signifie rien ; la capacité d'acquisition signifie tant de choses qu'elle ne sert à rien (p. 339). Contre M. Cumplowicz, il montre ce que la théorie du *syngénitisme* renferme de mystique (p. 348).

2 Il semble que cette énumération est, à peu près, celle des forces productives ; il n'est pas inutile de montrer ici ce que Marx entendait par ce terme, car M. ANDLER dit qu'il « comprend *pêle-mêle* les aptitudes intellectuelles, les forces musculaires, les agents biologiques et mécaniques » (La conception matérialiste de l'histoire, d'après M. Antonio Labriola, *Revue de métaphysique et de morale,* septembre 1897, p. 655). Voici l'énumération que l'on trouve dans le *Manifeste du parti communiste :* « La subjugation des forces de la nature, les machines, l'application de la chimie à l'industrie et à l'agriculture, la navigation à vapeur, les chemins de fer, les télégraphes [moyens de travail, divisés en mécaniques, chimiques et communicatifs] - le défrichement de continents entiers, la canalisation des rivières [transformation du sol] - des populations sortant de terre comme par enchantement ; - quel siècle antérieur a soupçonné que de pareilles forces productives dormaient dans le travail social ? » À côté des forces *produites,* il faut mettre le sol lui-même : le deuxième moment se trouve ainsi divisé comme le premier en trois stades. Il n'y a rien là qui

ce contenu ne cesse d'augmenter, de se compliquer, de s'ordonner : cela est vrai, si on entend *ordonner* dans le sens d'accroître le nombre des contacts, d'augmenter la force de la *chaîne orphique* (comme aurait dit Lassalle) ; mais cela ne veut pas dire qu'il y a vraiment *coordination* dans un même esprit, qu'il y a passage d'un mélange mécanique à une *unité subjective.*

Si la lutte pour l'existence a donné lieu à une véritable théologie pleine de mystères, la théorie de l'accord se trouve dans les mêmes conditions. Ces *formes* sont passives ; il faut savoir ce que *sont* et ce que *font* les hommes et ce qu'ils *peuvent faire,* de manière à pouvoir apprécier l'influence de ces bases fondamentales de la conscience historique sur lesquelles M. Merlino appelle à bon droit notre attention.

« Plus la société se complique, plus croît la division du travail, plus nombreuses sont les qualités et aptitudes requises ; moins il devient possible à une classe de dominer les autres... il se forme des idées et des sentiments généraux, des intérêts généraux et des organes correspondants. L'unification des classes sociales, la solidarité humaine - voilà l'objectif du progrès » (p. 346). Mais cette complication, cette ordonnance, pourraient se réaliser parfaitement par une hiérarchie, de plus en plus complète, et la solidarité se traduire par la plus excessive inégalité ; - par conséquent il faut savoir pour quelle raison le mouvement actuel est socialiste - et si l'introduction de la bourgeoisie dans les affaires des classes ouvrières ne constitue pas pour celles-ci un danger. Voilà ce que ne peuvent nous apprendre des considérations abstraites.

M. Merlino est très optimiste ; il croit que les barrières existant entre les classes sont plus faciles à détruire que les anciennes barrières légales. « La bourgeoisie *professionnelle* n'a pas l'esprit de corps, ni l'exclusivisme, ni la solidarité, ni les tenaces traditions de l'ancienne aristocratie. Une partie de cette classe accourt sous les drapeaux du socialisme ; et, avec la catégorie la plus élevée de la classe ouvrière, elle commence à former le noyau d'une nouvelle société sans distinctions de classes ou du moins sans grosses

ressemble à un chaos !

M. KOVALEWSKY dit que « le facteur principal de tous les changements dans l'ordre économique n'est autre que l'accroissement de la population » (*Devenir social,* juin 1896, p. 482). Cette conception est incluse dans celle de Marx qui considère tout l'ensemble des forces productives.

Georges Sorel

et permanentes inégalités de conditions » (p. 322). Cette union pourrait, fort bien, avoir pour résultat de donner naissance à un nouveau parti des *maigres,* aussi avide et aussi autoritaire que les anciennes classes. Il faudrait chercher si les conditions sociales actuelles permettront une domination de cette fraction moyenne de *l'intelligenz.*

Sans doute on peut faire sur l'avenir des hypothèses nombreuses et la science ne permet d'en rejeter *sûrement* aucune, l'avenir étant pour la science enfermé dans le livre des Sept-Sceaux ; mais il y a des hypothèses plus vraisemblables les unes que les autres. Cette doctrine du progrès universel, de la coopération des classes moyennes au mouvement socialiste, n'est pas neuve : n'est-ce pas celle de Saint-Siméon ? On a, d'ailleurs, dit, bien souvent, que le socialisme intégral, - celui qui est, plus ou moins, inspiré par les idées de Malon et de M. Brousse, - n'est autre chose - dans ce qu'il a d'essentiel - qu'une deuxième représentation du saint-simonisme. M. Merlino ne prend pas garde que la caractéristique principale de la conception saint-simonienne est *l'inégalité* justifiant la *hiérarchie :* or, il ne veut ni d'inégalité, ni de hiérarchie ; il termine ses analyses de la constitution sociale actuelle par ces belles formules : « Il faut réformer le *fond* de la constitution sociale : substituer à la domination la liberté et l'égalité, à la hiérarchie l'association et la coopération, à la lutte la justice » (p. 109). N'est-il pas inconséquent en croyant pouvoir introduire dans le système si profondément inégalitaire des saint-simoniens la *réalité* de l'égalité des conditions ?

Avant d'aller plus loin, il faut nous demander comment cette conception de l'essence du socialisme peut se concilier avec les théories ou quelle influence elle exerce sur celles-ci. M. Merlino dit que le socialisme est passé de l'utopie à la métaphysique (p. 9) et que de la phase doctrinaire il doit passer à la phase positive (p. 287). Ces formules ne sont pas très claires et pourraient induire en erreur à cause de l'emploi de termes empruntés à la langue des positivistes.

L'auteur s'occupe à peine des utopies, « de la réédification totale de la société *ad imis* selon des principes abstraits » (p. 313). L'utopie n'est guère qu'une poésie, traduisant sous une forme concrète les répulsions sentimentales qu'éprouve une âme sensible à la vue des iniquités sociales ; l'essence du socialisme n'est pas toujours encore pleinement comprise par les réformateurs. Il en est autrement quand on arrive à la doctrine ; celle-ci est vraiment bien imbue de l'esprit socialiste, tellement imbue qu'elle perd de vue, parfois, les conditions d'une recherche scientifique, devient « unilatérale et exclusive » (p. 13), - prétend expliquer toute l'histoire par les thèses qui traduisent le plus nettement la révolte prolétarienne, dans les pays où cette lutte est surtout apparente (p. 12 et p. 34). C'est dans cet esprit que le marxisme aurait été construit ; aussi M. Merlino consacre-t-il une étude critique aux propositions des marxistes. La question, pour lui, est de savoir si ce sont des propositions *vraies d'une vérité scientifique* et capables d'expliquer *toute* l'évolution sociale (au moins dans les temps contemporains) - ou bien si ce sont des hypothèses ayant une valeur explicative restreinte et destinées à être complétées et modifiées avant de pouvoir entrer dans la science.

Cette recherche offre d'autant plus d'intérêt qu'un théoricien distingué du marxisme a écrit à propos du matérialisme historique [1] :

« L'histoire ne peut montrer aucune période où les éléments économiques aient dominé si fortement toutes les conditions sociales. *Pour la propagande socialiste,* la limitation de la conception matérialiste est sans danger : pour elle, il suffit que le temps dans lequel nous vivons réponde exactement à la caractéristique donnée par Marx : la machine de guerre est parfaite » ; et, un peu plus loin, il annonce le renversement inévitable de cette conception matérialiste.

M. Merlino accorderait volontiers à MM. Labriola [2] et Croce leur manière de comprendre le matérialisme historique (p. 17). Mais il ne veut pas admettre qu'on « explique *tous* faits historiques par la seule transformation du *mode de production* et toutes les institutions sociales comme des fonctions ou des modalités de <u>l'organisation</u> économique » (p. 14). Il ne veut pas qu'on dise

---

1 Ch. BONNIER, Les successeurs, *Devenir social,* juillet 1895, p. 370. Cf. B. CROCE, *Sulla concezione materialistica della storia,* p. 16.
2 Je ne ferai pas de références au livre de M. Antonio LABRIOIA *(Essais sur la conception matérialiste de l'histoire).* Ce livre doit, en effet, être supposé parfaitement connu de toute personne s'occupant de marxisme : c'est un classique et il est peu utile de se référer à un classique ; j'aurais à le citer trop souvent.

Georges Sorel

que la religion, l'État et la famille sont « des *formes dérivées* de la propriété individuelle : ... que, la propriété bourgeoise une fois convertie en propriété collective, toute lutte et toute injustice disparaîtront de la société ; que la religion [1] perdra prise sur les âmes de la multitude ; ... que la famille... se transformera en amour libre, et que l'État cessera d'avoir une raison d'être » (pp. 14 et 15). Ce sont là évidemment des hypothèses indémontrables et fort inutiles, je crois, au socialisme ; cette opinion me semble d'autant plus motivée que, plus loin, M. Merlino observe que les marxistes « ayant vainement cherché à résoudre le problème de l'organisation pratique de la société future, ont fini par déclarer qu'il est anti-scientifique de faire aucune tentative de ce genre » (p. 27). Les affirmations hasardées, contre lesquelles s'élève l'auteur, sont des survivances d'anciennes hypothèses sur l'avenir.

Il faut bien séparer ici Marx de *certains* marxistes, car il n'est pas douteux que si le maître a entendu l'expression « mode de production » [2] dans un sens très large, certains disciples l'ont entendu dans un sens très étroit et ont ramené toute l'histoire à une conception sèchement mathématique de fonctions d'une variable, qui serait le coefficient du progrès technologique ! Marx a eu la même mauvaise fortune que son maître Hegel : sa manière de formuler a permis de lui attribuer toutes sortes de sottises [3].

1 Sur la subordination de la question religieuse à l'économie, l'auteur renvoie à la page 31 de la traduction française du *Capital* : j'avoue n'avoir jamais pu comprendre ce que Marx a voulu exposer dans ce passage. M. ANDLER cite (*art. cité*, p. 656), une phrase de la note de la page 32 (col. 2), où, parlant du Moyen Âge et de Rome, Marx dit : « Ce qui est clair, c'est que ni le premier ne pouvait vivre du catholicisme, ni la seconde de la politique. Les conditions économiques expliquent, au contraire, pourquoi là le catholicisme et ici la politique jouent le rôle principal. La moindre connaissance de la république romaine fait voir que le secret de cette histoire c'est l'histoire de la propriété foncière. D'un autre côté personne n'ignore que déjà don Quichotte a eu à se repentir pour avoir cru que la chevalerie errante était *conciliable* avec toutes les formes économiques de la société. » M. Andler ne cite pas les deux dernières phrases qui modifient si profondément le sens des deux premières. Que les institutions spécifiques du catholicisme médiéval ne soient guère concevables dans notre époque capitaliste, qu'elles aient besoin pour être comprises de l'étude économique, voilà ce que Marx a dit ici et il me semble qu'il n'a pas montré une *assurance singulière* comme le lui reproche M. Andler. Pour Rome inutile d'insister.

2 Dans la note de la page 32 (col. 2) du *Capital*, on voit que MARX entend par là non seulement le mode proprement dit de production, mais encore *tous les rapports sociaux concomittants*, en un mot *toute la structure économique*.

3 Par exemple, lorsqu'il y a plusieurs éléments liés dans un système, Marx désigne

Ayant signalé à M. G. Le Bon une sottise qu'il avait rapportée, j'ai reçu la réponse suivante : « Ce qu'il importe de connaître dans le socialisme, c'est ce qui produit une impression sur les esprits ; ce sont les *paroles des maîtres transposées* par les violents. »

M. Merlino a raison quand il dit qu'il y a dans la société interdépendance et non subordination (p. 16) - c'est aussi l'opinion de M. CROCE [1]. Il a raison quand il adresse cette critique au matérialisme historique : en admettant que les nécessités de la vie matérielle eussent, à l'origine, déterminé l'association humaine, il y a longtemps que la complication croissante des rapports sociaux aurait fait disparaître la subordination de la structure sociale au facteur économique (p. 17) ; - cette objection ne s'adresse pas à Marx, mais à M. Rouanet [2]. Il a encore raison quand il dit que les mouvements ne présentent pas l'uniformité qu'on leur attribue (p. 34) ; M. Bernstein [3] n'admet pas non plus cette homogénéité de l'état de développement.

Si, comme l'assurent tant d'écrivains, la doctrine marxiste aboutit à un *fatalisme* économico-révolutionnaire (p. 16), M. Merlino a bien raison de se révolter ; mais la croyance à « l'existence de lois historiques et économiques, fatales et immuables », me semble être une de ces conceptions qu'on ne peut sans preuve attribuer à Marx [4]. C'est à des auteurs mal informés, ou trop zélés, que M.

---

tout le système par un élément seul.

1 *Rivista popolare di politicà, lettere e scienze sociali,* 30 avril 1897, p. 391, col. 2.

2 *Revue socialiste,* janvier 1896, p. 76 : « C'est [le phénomène] qui se manifeste le premier qui doit, *par voie de causalité naturelle,* déterminer toutes les autres.

3 *Devenir social,* août-septembre 1897, p. 704.

4 Les deux textes que cite M. ANDLER *(art. cité,* p. 657) pour prouver la même thèse sont fort peu probants. Le premier est emprunté à la *Misère de la philosophie :* « Le moulin à bras vous *donnera* la société avec le suzerain ; le moulin à vapeur vous *donnera* la société avec le capitaliste industriel. » Mais pouvons-nous, raisonnablement, supposer que Marx ait cru que le moulin à bras ait été spécifique de la société féodale ! Une pareille bourde est trop énorme ; et son énormité nous avertit qu'il faut comprendre les choses autrement : en se reportant au texte, on voit que Marx *a mis en parallèle* l'évolution du moulin à bras vers la machine à vapeur avec celle de la société féodale vers la société industrielle. - L'autre texte est emprunté au *Capital :* « La législation industrielle est un produit aussi *nécessaire* de la grande industrie que le fil de coton, les machines *sefacflors* ou le télégraphe électrique. » Dans la traduction française du *Capital,* le mot *nécessaire* est remplacé par *naturel.* Ce passage (chap. XV, section 9) résume une longue série d'observations, ayant pour objet de montrer comment on a été amené à faire cette législation et comment on a

Georges Sorel

Merlino a emprunté cette idée que, d'après la doctrine marxiste, « le bien doit sortir de l'excès du mal : le pire est le meilleur » (p. 297). Je retrouve bien dans un livre récent [1] : « L'excès du mal réjouissait Marx, car il y voyait le germe du remède. » Pas de preuve !

Ce que je concède volontiers à M. Merlino, c'est que la conception matérialiste de l'histoire n'est pas une *explication de toutes choses* et qu'elle a besoin d'être sérieusement étudiée (et expurgée des adjonctions malheureusement faites par des propagandistes) avant de pouvoir entrer dans les *données acquises.*

Il est à regretter que M. Merlino n'ait pas tenu compte de ce qu'ont écrit MM. W. Sombart et C. Schmidt sur le troisième volume du *Capital ;* il ne connaît que les interprétations anciennes ; or, d'après M. W. Sombart [2], on n'a commencé à discuter d'une manière vraiment utile la théorie de la valeur que depuis 1894. M. Merlino croit que la description du capitalisme, ramené à sa forme la plus abstraite, dans le premier volume du *Capital,* peut être transportée dans le monde réel. Il dit que l'entrepreneur ne profite pas seul de l'exploitation du prolétaire [3] ; - que cette exploitation est beaucoup plus complexe qu'on ne pourrait le supposer d'après Marx, qui ramène tout à une différence entre la valeur du travail et la valeur de la force de travail ; - qu'il faut tenir compte de tout l'ensemble des rapports sociaux qui se manifestent par divers

---

pu l'appliquer, *grâce aux progrès de la technologie.* La *nécessité* du télégraphe électrique étant aussi grande que celle de la *législation ouvrière,* celle-ci n'est pas ce qu'on peut appeler *déterminée,* en sens classique du mot, - n'est pas produite par une nécessité d'ordre, comme disaient les scolastiques.

1 A. MÉTIN, *Le socialisme en Angleterre,* p. 191.

2 *Critica sociale,* 1er janvier 1897, p. 5.

Dans *Le Devenir social* (mai 1895) a paru un article de M. C. SCHMIDT Sur le troisième volume du *Capital.* Voici comment M. Sombart définit la valeur : « La valeur des marchandises est la forme spécifique, historique, dans laquelle se détermine et se fixe la *force productive du travail social ;* celle-ci domine en dernière instance les manifestations économiques. C'est le degré de productivité du travail social qui décide en dernière instance des prix, du taux de la plus-value, bref de tout l'ensemble de la vie économique, c'est-à-dire met des bornes à l'arbitraire individuel, sans que l'agent de production, ou un individu voué à l'activité économique, en ait conscience. On ne comprendra bien le système marxiste que si on reconnaît que le centre en est le concept de productivité, qui trouve son expression économique dans l'idée de valeur. »

3 Cf. ce que dit M. VANDERVELDE (Le livre III du Capital de Marx, *Annales de l'Institut des sciences sociales,* avril 1897, p. 101).

modes d'appropriation, - que c'est dans les pays les moins avancés, au point de vue capitaliste, que les bénéfices des commerçants, banquiers, professionnels, politiciens sont les plus élevés et qu'il est, par suite, difficile de les expliquer par la plus-value industrielle (pp. 20-24).

L'économie n'est pas une science de simple observation comme l'histoire ou comme une morphologie naturelle. Pour comprendre les liaisons qui existent entre ses catégories, il faut faire un travail analogue à celui qu'on fait en physique, abandonner l'étude directe des faits, procéder à une *composition* et passer des formes les plus simples, les plus abstraites, les plus éloignées de la réalité, aux formes plus *complexes,* qui fournissent des approximations satisfaisantes pour l'application aux phénomènes. C'est parce que l'économie (comme la mécanique) étudie des œuvres humaines, que l'on doit procéder de la sorte, créer des compositions et des mouvements artificiels, qui n'ont aucune analogie avec ce qui *apparaît dans l'organisme* historique [1].

Le premier moment de cette composition a été étudié dans le premier volume du *Capital;* les deux autres n'ont pas été, semble-t-il, complètement exposés dans les autres volumes, car M. Andler soutient, dans son livre sur les *Origines du socialisme d'État en Allemagne,* que certaines rentes foncières et certains profits commerciaux ne sont pas expliqués par Marx (pas plus que par Rodbertus).

Le passage aux formes dernières de l'économie ne comprend pas seulement la rente ricardienne ; mais il faut y faire entrer les

---

1 Il y a de profondes analogies à établir entre la mécanique et l'économie ; elles ne connaissent que le déterminisme, le syllogisme ; - elles sont fondées sur le postulat de l'identité des lois qui se manifestent dans les phénomènes naturels et dans les combinaisons artificielles dont nous pouvons varier indéfiniment les conditions, soit pour faciliter notre manière de produire, soit pour connaître.

Ce *déterminisme expérimental* est lié à la *contingence historique*: les découvertes, les créations mécaniques, les phénomènes économiques ne forment pas des suites nécessaires : c'est un point fondamental.

D'autre part, de toutes les créations humaines, la mécanique et l'économie sont celles qui sont les plus engagées dans les conditions matérielles, celles où la volonté se réalise le plus difficilement. L'infrastructure sociale n'est pas économique seulement dans un sens *métaphorique* comme le dit M. Andler ; en passant de l'économie au droit et à la politique, l'esprit réalise de plus en plus sa *liberté*. (Sur cette triade, voir *Misère de la philosophie*, p. 169.)

Georges Sorel

surprofits, les différences nationales et toutes les *contingences de productivité*. Il *y* a, en un mot, plusieurs moments à distinguer.

Pour bien comprendre toute cette composition si compliquée [1], qui, par tant de côtés, rappelle les thèses hégéliennes, il faut se pénétrer de deux principes fondamentaux :

1° *Tout ce mouvement est extemporel ;* tout s'engendre idéalement ; la succession n'existe que dans l'esprit - c'est ce qui se passe aussi dans les processus hégéliens de la philosophie de la nature ;

2° Quand on a passé d'un moment à un autre, rien ne se perd, mais rien ne se conserve identique quantitativement [2].

C'est avec ces précautions qu'on peut aborder la discussion. M. Merlino pense qu'on pourrait tout aussi bien adopter les théories sur la valeur de l'école historique, ou de l'école autrichienne ou de l'école américaine (p. 9) ; l'auteur du compte rendu dans la *Critica sociale* soutient que ces doctrines sont des théories apologétiques du capitalisme ; je n'en sais trop rien.

Il faut bien prendre garde que la conception marxiste est composée pour l'époque capitaliste ; il ne serait donc pas prudent de l'appliquer telle quelle à des époques différentes.

M. Merlino a consacré un chapitre à décrire, avec beaucoup d'art, ce qu'il appelle le *cercle de l'appauvrissement : appauvrissement,-* salariat, - soumission à la hiérarchie (capitaliste et gouvernementale), - exploitation (capitaliste et gouvernementale),

---

1 Marx nous avertit, dans le premier volume du *Capital,* que pour passer à l'explication des faits il faut « bien des moyens termes » (p. 133, col. 1. Cf. aussi p. 70, col. 2, note, p. 93, col. 2, note 1).

2 M. C. SCHMIDT dit que Marx fait l'hypothèse suivante : « le profit total réalisé sous forme d'argent par la classe capitaliste est déterminé par la quantité de plus-value contenue dans l'ensemble des produits » ; il pense que cette hypothèse devrait être examinée de près *(Devenir social,* mai 1895, p. 190). Il est probable, en effet, que cette hypothèse n'est pas mathématiquement exacte. Consulter, sur cette question et la manière de poser les divers moments de la composition économique, le *journal des Économistes* du 15 mai 1897 : « Sur la théorie marxiste de la valeur » (ou les *Sozialistiche Monatshefte,* juin 1897). Ces principes n'ont pas été insérés dans cet article ; il en résulte une certaine obscurité. On a omis aussi d'y signaler que le troisième moment est complexe et comprend *toute la sphère de l'irrégularité* (la rente ricardienne en fait partie).

- ce qui fait renaître un nouveau processus d'appauvrissement (pp. 89-107). Toute cette analyse est pleine d'aperçus ingénieux et elle nous montre bien qu'il est impossible de séparer la coercition de l'organisation économique ; mais, contrairement à ce que soutient M. Andler [1], il me semble que Marx a, plus d'une fois, signalé l'importance de la coercition légale, - en même temps que celle de l'appauvrissement primitif : n'est-ce pas lui qui a dit que la force est un agent économique [2] ? Un rapport coercitif n'est pas nécessairement politique, comme dit M. Andler : il appartient au système dans lequel on se place pour l'étudier ; il peut être discuté avec des raisons de droit et il devient juridique ; il se manifeste dans la production et il est économique. Marx n'a-t-il pas défini le capital [3] un rapport qui s'établit entre deux personnes par l'intermédiaire d'une chose ?

Il nous faut, maintenant, examiner d'une manière approfondie la lutte des classes. J'accorde volontiers que cette portion de la doctrine marxiste a été fort obscurcie par les commentateurs, au moins autant que le matérialisme historique. Si, pour éviter les difficultés, on adopte un sens très large, on aboutit soit à des banalités, soit à des propositions générales n'ayant rien de spécifiquement marxiste. Les conflits d'intérêts, les oppositions entre les divers groupes, les influences économiques sont des moyens d'explication qui appartiennent à tout le monde. M. Tcherkésoff [4] a raison quand il fait observer que Niebuhr a dirigé, il y a bien longtemps, l'étude de l'histoire romaine en tenant compte des conditions économiques ; - quand il rappelle l'œuvre colossale de Th. Rogers, qui ne connaissait rien de Marx et d'Engels. je pourrais aussi mentionner le Cours professé au Collège de France par M. J. Flach, sur les institutions primitives : l'éminent juriste a renouvelé toutes les recherches sur la famille en prenant pour base les conditions de production de la vie matérielle, et considérant tout l'ensemble du complexus social comme une *unité indéchirable* ; c'est une méthode qu'on pourrait appeler marxiste, bien que le professeur n'ait jamais lu Marx. Les exemples pourraient être multipliés à l'infini.

---

1 *Art. cité*, p. 653. M. ANDLER dit que Dühring a eu raison de mettre en relief le rôle de la *force*.
2 *Capital*, p. 336, col. 1. Cf. p. 236, col 2, p. 327, col. 1, et toute la huitième section.
3 *Capital*, p. 344, col. 1.
4 *Pages d'histoire socialiste*, p. 39.

Georges Sorel

D'autre part, des disciples ont voulu étonner les lecteurs naïfs en leur révélant de prodigieuses inventions, et ils ont converti, comme le dit M. G. Richard [1], des vérités banales à force d'être répétées en des paradoxes audacieux.

« La société n'est pas un champ clos, dans lequel luttent patrons et ouvriers » ; le renouvellement général de la société est l'œuvre de toutes les classes ; on ne peut pas le circonscrire « dans les rapports des ouvriers industriels et des maîtres de fabrique » (p. 27). Je ne vois pas que dans le *18 Brumaire* (que l'on cite d'ordinaire comme la meilleure application des théories historiques de l'école) Marx ait raisonné de la sorte ; il prend en considération tous les groupes qui existent [2].

Marx a donné, dans le *18 Brumaire*, cette définition d'une classe [3] : « En tant que des millions de familles vivent dans des conditions d'existence qui distinguent leur manière de vivre, leurs intérêts, leur éducation de ceux des autres classes qui leur sont opposées hostilement, ils forment une classe. » Il ajoute comme signes d'une classe, la solidarité, l'association nationale et l'organisation politique : ces caractères se trouvent dans les classes pleinement développées, étant devenues classes pour elles-mêmes ; mais il y a aussi des classes qui ne sont pas arrivées à ce plein épanouissement [4].

Dans la *Misère de la philosophie*, Marx a dit [5] : « Au moment où la civilisation commence, la production commence à se fonder sur l'antagonisme des ordres, des états et des classes, enfin sur l'antagonisme du travail accumulé et du travail immédiat. Pas d'antagonisme, pas de progrès. » Il ne semble donc pas que l'histoire doive être complètement expliquée par l'antagonisme

1 *Le socialisme et la science sociale*, p. 133, et *Devenir social*, février 1897, p. 139.

2 Propriété foncière (trad. franç. p. 38), - capitalisme *(id.)*, -petite bourgeoisie (p. 42), - aristocratie financière (p. 81), -bureaucratie (p. 103), - paysans (p - 104) ; sans compter le clergé, l'armée, les groupes de la bohème politique et les coteries de conspirateurs républicains.

3 *Op. cit.*, p. 104

4 Un passage à la forme développée en trois moments est ainsi décrit dans la *Misère de la philosophie* (p. 241) : « Les conditions économiques avaient d'abord transformé la masse du pays en travailleurs. - La domination du capital a créé à cette masse une situation commune, des intérêts communs. Ainsi cette masse est déjà une classe vis-à-vis du capital, mais pas encore pour elle-même. - Dans la lutte cette masse se réunit, elle se constitue en *classe pour elle-même*. »

5 *Misère, etc.*, p. 80.

sur lequel se fonde la production ; mais que cet antagonisme est seulement requis pour interpréter une partie de l'histoire, ce qui nous apparaît comme progrès, - à l'heure actuelle, le mouvement socialiste.

Dans le même ouvrage, Marx nous donne une autre règle pour éclairer l'histoire d'une époque déterminée [1]. « Lorsqu'on demande pourquoi tel principe s'est manifesté dans le XIe siècle plutôt que dans tel autre... ; on est nécessairement forcé d'examiner minutieusement quels étaient les hommes du XIe siècle, quels étaient leurs besoins, - leurs forces productives, leur mode de production, les matières premières de leur production, - enfin, quels étaient les rapports d'homme à homme qui résultaient de toutes ces conditions d'existence. » Si nous voulons traduire cette règle sous une forme abstraite, nous dirons qu'il faut chercher les besoins, les manières de les satisfaire, les rapports entre les hommes et unifier toute cette investigation économique par la question : « quels étaient ces hommes ? » Ce n'est pas l'homme général que nous étudions, cet « homme général, contesté par les marxistes » et que M. Andler [2] voit créant l'histoire, mais ces hommes très particuliers. Ici le mot de classe n'est pas prononcé par Marx et cette omission n'est pas involontaire.

Bien souvent, il faut se servir du mot classe dans le sens ordinaire, dans le sens que lui donne M. Merlino : « Les classes, dit-il, se distinguent principalement par le degré d'aisance et par les occupations de leurs membres. Les membres de chaque classe, ou catégorie, ou groupe, ou profession, sont liés entre eux par des parentés, des relations sociales, des usages, et habitudes de vie, par l'instinct de conservation et de défense contre les autres classes (esprit de corps) ; et, enfin, la physionomie, les modes, le langage, la teinte plus ou moins blanche de la peau, les sentiments, tout les sépare » (p. 320). La classe est considérée surtout psychologiquement. « La loi d'imitation fait que les hommes placés à un même niveau contractent les mêmes habitudes et éprouvent les mêmes besoins ; la loi de différenciation fait que les classes dominantes cherchent à accroître la distance entre elles et les classes sujettes. » On voit par là que M. Merlino parle de tout

---

1 *Misère, etc.,* p. 159.
2 *Art. cité,* p. 658.

Georges Sorel

autre chose que des classes marxistes [1].

M. Merlino a, sans doute, raison quand il dit que les intérêts des groupes sociaux, s'ils ne sont pas concordants, ne sont pas non plus totalement antagonistes ; que toutes les classes ne forment pas une masse réactionnaire vis-à-vis de la classe ouvrière (p. 29) ; -mais il se rencontre ici avec les écrivains les plus autorisés de l'école marxiste. Dans un article publié le 16 septembre 1897, dans la *Critica sociale,* sous le titre de « Superstitions socialistes », M. Turati reproduit quelques fragments curieux de M. Kautsky [2] : « La société bourgeoise se divise en classes les plus variées, ayant des intérêts les plus divers et les plus diversement enchevêtrés ; la résultante de leur conflit détermine le mouvement de l'histoire... La démocratie socialiste acquiert tous les jours plus de force et d'influence ; cependant, dans les rangs adverses, nous ne voyons pas encore se produire une concentration en une seule masse ; au contraire, nous les voyons se disloquer en innombrables partis, pendant que leurs réciproques antagonismes s'accentuent au fur et à mesure que s'étend le système capitaliste. »

Avant d'abandonner ce sujet, il est nécessaire de dire quelques mots pour expliquer les causes de la persistance de l'erreur combattue par M. Merlino [3]. Cette erreur a été maintenue grâce à la fausse interprétation donnée au premier volume du *Capital:* on n'y voit que capitalistes-entrepreneurs et prolétaires ; mais on n'a pas pris garde que ce ne sont pas des patrons et des ouvriers vivants, mais seulement des abstractions empruntées à l'organisme historique et transformés en mécanismes dans la composition économique. Ces *masques scientifiques* ne peuvent être confondus

---

1 PROUDHON dans *La Révolution sociale démontrée par le coup d'État,* reconnaît trois classes en France en 1848 : bourgeoisie (rentiers, employés supérieurs) - classe moyenne (entrepreneurs, patrons, cultivateurs, savants, artistes) - classe ouvrière ou prolétariat (p. 151). Cette division est faite, dit-il, au point de vue des intérêts.

2 M. Kautsky dit que Marx avait horreur de la formule « une masse réactionnaire unique » ; elle lui paraissait rendre plus difficile la connaissance des vraies conditions de la lutte engagée par le prolétariat.

3 Quand on applique la fausse et incomplète théorie de la lutte des classes aux époques historiques antérieures à notre siècle on obtient, naturellement, des résultats grotesques ; mais, même de nos jours, il est assez difficile de croire que la lutte du prolétariat contre la capitalisme ait engendré la politique de Louis-Philippe, de Napoléon, de Gambetta, de Jules Ferry. Je ne me chargerais pas de soutenir ces paradoxes.

avec les êtres ayant de la chair sur les os, avec les hommes qui font l'histoire. Mais notre esprit est ainsi fait qu'il croit toujours que le moins réel et le plus abstrait a une supériorité sur le réel et le concret. La division en deux groupes a donc passé pour constituer le dernier mot de la sociologie, parce qu'on l'apercevait dans la partie la plus reculée d'une composition purement idéale.

On dit bien quelquefois aussi, pour justifier cette simplification, que les classes moyennes sont appelées à disparaître et que, par suite, on peut les considérer comme des facteurs d'importance secondaire. Nous ne raisonnons pas sur l'avenir, mais sur le présent ; et c'est dans l'étude du présent qu'il faut mesurer l'efficacité plus ou moins grande de l'intervention de ces classes.

Au point de vue marxiste, il ne saurait plus exister de philosophie de l'histoire [1]. L'histoire forme un mélange hétérogène dépendant de circonstances infiniment complexes ; ce mélange est *donné* et il nous est impossible de le *penser* autrement qu'il n'est donné. Il est impossible de ramener chaque ensemble à un élément simple (qui le caractériserait et permettrait de le reconstruire) ; il est impossible de réunir tous les ensembles successifs par une connexion scientifique, par une loi qui, après avoir exprimé le passé, serait capable de nous donner l'avenir. Les ensembles successifs n'ont d'autre lien que l'ordre enregistré par la chronologie.

L'étude de l'histoire porte sur les circonstances multiples qui rendent, *pour l'homme de science,* l'activité humaine intelligible. C'est cette activité qui est l'histoire même ; elle n'est pas inintelligible pour nous ; mais son intelligibilité est d'une tout autre nature que l'intelligibilité de la physique.

C'est lorsque les événements se sont déroulés depuis assez longtemps, lorsque les conséquences (imprévues le plus souvent) se sont manifestées, lorsque tout l'appareil bruyant et brillant (qui cache aux contemporains et aux auteurs du drame les vraies conditions de leurs succès ou de leurs défaites) est tombé, - c'est alors seulement que les vraies raisons de l'activité humaine apparaissent au grand jour.

L'histoire est tout entière dans le passé ; il n'existe aucun moyen de la transformer en une combinaison logique, permettant de prévoir

---

1 B. CROCE, *Sulla concezione materialistica della storia,* p. 4.

Georges Sorel

l'avenir. Tout ce que nous disons de l'avenir est pure hypothèse, mais hypothèse nécessaire pour fournir des bases à notre activité. C'est précisément en comparant les circonstances fondamentales de l'histoire passée avec ce que nous savons des hypothèses *(motifs)* qui ont déterminé les hommes, que nous voyons, clairement, apparaître la réalité de la libre délibération, de la libre élection [1], qui est loin d'être évidente pour l'observateur psychologiste.

Cette impossibilité de prévision devait s'imposer à Marx, qui a hérité de tant de préoccupations hégéliennes. Le syllogisme hégélien n'offre pas le caractère démonstratif du syllogisme classique : tous les philosophes l'ont observé maintes fois. Voici, par exemple, ce que dit M. Herr [2] : « Le moment nouveau ne se déduit pas du moment antérieur à la façon d'une conséquence... ; il se réalise, au moyen des moments antérieurement posés, qui lui servent de matériaux, par le processus d'une synthèse progressive et créatrice. » Cette méthode s'applique très bien à la description raisonnée d'une *morphologie donnée* et à l'histoire qui est une donnée : elle fournit des moyens d'éclaircissement ; elle rend intelligible ; elle ne permet pas de conclure à des lois analogues aux lois physiques.

Ainsi donc chez Hegel pas de démonstration, au sens classique du mot ; chez Marx pas de déterminisme dans la succession des faits historiques et par suite pas de prévisions. C'est par suite d'une erreur que M. Tcherkésoff [3] a pu accuser Marx d'avoir déduit par un raisonnement hégélien l'appropriation future du régime actuel. Dans la triade, propriété privée, propriété capitaliste, propriété individuelle, le troisième terme pourrait être tout autre ; Marx avait des raisons pour conjecturer, avec une haute vraisemblance, que l'appropriation future serait celle qu'il indique et il a rapprochée,

---

1 M. ANDLER dit : « Puisque dans la pratique nous ne connaissons que des hommes qui agissent en délibérant, il faut bien que nous transportions dans notre interprétation tout ce libre-arbitre apparent. S'il y avait un déterminisme dans l'histoire, nous ne l'y reconnaîtrions pas » *(art. cité,* p. 658). Ce n'est pas dans la question, car on n'a jamais fait sérieusement d'histoire en cherchant à pénétrer l'âme inaccessible pour nous des hommes du passé ; l'histoire devient extérieure quand elle devient scientifique. il faut y voir, en effet, non pas ce qu'elle pourrait être mais ce que l'on cherche vraiment - assez mal d'ordinaire d'ailleurs : des *circonstances générales intelligibles.*
2 *Grande Encyclopédie,* fascicule 471, p. 1001, col. 2.
3 *Temps nouveaux,* 10 juillet 1897.

dans une formule hégélienne, trois moments successifs [1].

La dialectique hégélienne ne nous donne aucun moyen de savoir si trois moments reliés régulièrement appartiennent à une génération extemporelle - ou constituent une succession se renouvelant continuellement et présentant à chaque instant un mélange des diverses phases, - ou dépendent d'époques historiques distinctes. Hegel emploie sa méthode indifféremment dans les trois cas.

Bien que Marx ait, assez généralement, évité de parler des choses d'avenir, il n'a pu s'en dispenser quelquefois : ainsi, dans la lettre sur le programme de Gotha, il énonce cette proposition que l'évolution se fera en trois moments : capitalisme, semi-communisme (quelquefois appelé collectivisme) et communisme ; malheureusement il n'a pas fait connaître quelles étaient les raisons sur lesquelles il s'appuyait. Il ne faudrait pas supposer que cette vue sur l'avenir soit fondée sur une conception purement logique, sur une loi de la génération des formes : ce serait admettre que l'Idée crée !

M. Merlino considère les choses à un point de vue tout différent : « Le collectivisme et le communisme sont destinés à se combiner ensemble. Une organisation strictement communiste est aussi irréalisable qu'une organisation strictement collectiviste » (p. 150). Nous voyons ici que la succession dont parle Marx est transformée en une simple génération logique, fondée sur les rapports qui existent entre la justice rétributive et la justice distributive.

L'auteur ne comprend pas les *tendances* de la société comme l'école marxiste. « La foi qu'ont les marxistes dans le développement de la forme capitaliste de production et dans sa réduction à l'absurde par la voie d'une concentration croissante de la richesse nous semble exagérée » (p. 28). Il dit encore que déjà cette concentration ne semble plus s'accroître dans le domaine international (p. 34) [2]. Il

---

1 M. ISSAÏEF, comme beaucoup d'auteurs russes, estime qu'il ne faut pas prendre trop à la lettre la description donnée ici par Marx *(Devenir social,* juin 1897, p. 541). M. Tcherkosoff assure même que Marx aurait déclaré en 1882 que cette description ne s'applique pas à l'avenir social de la Russie *(Temps nouveaux,* 13 août 1897). Comme cette formule n'est pas reproduite dans la partie du *Capital* où Marx expose *la loi générale de l'accumulation capitaliste,* il est possible qu'elle soit purement symbolique. Cette question mériterait des recherches approfondies.

2 MARX rapproche l'enrichissement relatif dans le commerce international de

fait observer que le paysan n'a pas besoin d'être descendu au rang de journalier pour prendre part à la lutte sociale (p. 30) et qu'on a fort exagéré l'importance de la prolétarisation.

Il est clair qu'on ne peut pas faire porter une discussion scientifique sur des *tendances,* entendues ici dans le sens qu'on leur donne d'ordinaire, - c'est-à-dire sur des *prolongements bien définis dans l'avenir de mouvements mal définis dans le présent* [1]. Mais il nous faut voir si les différences des points de vue se traduisent, effectivement, par de sérieuses différences et si les hypothèses de M. Merlino ne peuvent pas se concilier, du moins dans une large mesure, avec les conceptions marxistes.

Pour cela, il faut recourir à une théorie fort ingénieuse de l'auteur sur la *succession des cultures.* Ce ne sont pas les hommes, ni même les classes qui se perfectionnent : « Les quantités nouvelles apparaissent seulement dans les classes de nouvelle formation. À chaque changement de civilisation, les unes descendent, les autres s'élèvent » (p. 343). Ce n'est pas une même qualité qui va toujours en s'exaltant ; mais ce sont des qualités nouvelles qui apparaissent ; et de là résulte que le progrès social est si peu régulier (p. 344). « L'activité dominante requise varie de temps à autre » (p. 345). N'aurait-il pas fallu chercher quelle est l'activité dominante

l'enrichissement relatif d'une classe au détriment d'une autre (*Discours sur le libre-échange,* à la suite de la *Misère,* p. 290).

1 Il n'est pas sans intérêt de donner ici l'opinion de M. TURATI sur les tendances. « La fatale *concentration des partis bourgeois* [est] la réponse au lieu commun économique de la fatale concentration de la propriété. Ces deux formules désignent une tendance incontestable, qui çà et là se fait jour dans les faits, mais qui contrariée encore par des courants trop nombreux et trop tenaces, ne peut répondre à la réalité contemporaine » (*Critica sociale,* 16 septembre 1897). - M. Tcherkésoff a apporté certaines statistiques intéressantes pour contester la loi de *la concentration fatale* de la richesse (*Pages d'histoire socialiste,* p. 24-27, et *Temps nouveaux,* (6 août 1897).

Cette loi n'est pas spécifiquement marxiste ; elle appartient au même système que la loi d'airain si longtemps soutenue par l'école et aujourd'hui universellement abandonnée. Si le rejet de la loi d'airain n'ébranle pas la théorie de la plus-value comme le pense M. Merlino (p. 19), - il me semble qu'il ébranle tout le système auquel cette loi appartenait. J'estime qu'il y a de très grandes réserves à faire sur la concentration générale et indéterminée. La circonstancier serait plus conforme à l'esprit de Marx.

Dans le *Manifeste,* MARX dit : La bourgeoisie « a *aggloméré* les populations, *centralisé* les moyens de production, et *concentré* la propriété entre les mains de quelques individus. La conséquence de ce changement a été la centralisation politique ». Il y a de grosses conséquences à tirer de cette considération.

aujourd'hui ?

Cette doctrine nous fournit un moyen de reprendre, sous une forme nouvelle, le problème qu'on a voulu traiter avec les notions de concentration et de prolétarisation. Il ne s'agit pas d'étudier *la société en masse,* d'y rechercher, à l'aide de statistiques souvent contestables, comment la partie qui gouverne se restreint en grandeur numérique et croît en grandeur financière et comment un mouvement inverse se produit dans la partie qui travaille. Cette recherche est rendue extrêmement douteuse, parce qu'une grande partie de la plus-value est absorbée dans les classes moyennes dont ces calculs ne tiennent nul compte !

D'ailleurs, les questions de chiffres n'ont ici qu'une bien faible importance : ce ne sont pas des dénombrements que l'on veut comparer, mais des *forces,* Il pourrait arriver qu'une aristocratie de plus en plus (proportionnellement) réduite devînt en même temps si riche qu'elle pût dominer, sans peine, une plèbe misérable.

Ce qui importe le plus dans la lutte de classe, c'est de connaître les sentiments. L'aristocratie peut être nombreuse et même s'accroître, en même temps que se développent chez elle la crainte de l'avenir, l'effroi de l'isolement, la conscience de la faiblesse, en face d'adversaires audacieux. Il faut tenir compte, d'une part, des phénomènes qui se passent dans les classes supérieures et qui provoquent, si souvent, la stérilité et la dégénérescence (p. 345) ; - d'autre part, des sentiments qui résultent du contact avec les autres classes et de la conception que les hommes se font de l'avenir [2].

Les classes inférieures n'ont pas besoin d'arriver jusqu'à la prolétarisation complète, d'être transformées en masses de travailleurs manuels, pour commencer la lutte contre le régime existant (p. 30). Il suffit pour les déterminer que leurs membres ressentent la crainte de tomber au-dessous des conditions normales de leur classe [3], qu'ils soient persuadés que leurs efforts individuels

2 Assez généralement, quand une aristocratie est menacée, ses membres se plongent dans la religion et y cherchent des consolations, des causes pour se résigner ; cela n'augmente pas leur force de résistance. *L'idée de la mort de leur classe se traduit, chez chacun d'eux, en terreur de la mort personnelle.* Cela a été très sensible dans l'aristocratie romaine : c'est ce qui a permis de dire souvent que le christianisme avait contribué à la ruine de l'empire romain.

3 Il ne s'agit pas seulement d'une appréciation matérielle, mais surtout d'une appréciation morale. « Les hommes ne vivent pas seulement de pain, ils tiennent à

sont peu efficaces pour les sauver, qu'ils aient une idée (plus ou moins confuse) de la possibilité de lutter sur un terrain plus avantageux que celui que leur offrent les rapports économiques existants.

Sans doute, le schéma de concentration et de prolétarisation donne une image très nette et très sensible des phénomènes beaucoup plus complexes qui se produisent dans la société ; ce schéma a paru voisin de la réalité pour qu'on ait pu le prendre pour la réalité et le considérer comme l'expression des conditions de la lutte engagée entre les classes. Mais un examen plus approfondi de la question montre qu'il n'exprime pas ce qu'il y a de plus profond, de plus intime, de plus moteur, dans la lutte -, il n'en donne qu'une expression *mathématique et morte. Au* point où en est arrivé le socialisme, il y a tout avantage à se débarrasser de ce symbolisme et à considérer les phénomènes dans toute leur complexité et avec leurs qualités vraies.

La division de la société en deux classes ne traduit plus assez exactement les faits ; c'est un symbolisme usé. M. Merlino a raison quand il demande qu'on tienne compte de ce qui se passe dans toutes les classes. Il voit très bien qu'il y a à la base du mouvement un mouvement spécifiquement prolétarien [1] ; je m'étonne qu'il n'en ait pas conclu que la classe ouvrière est celle qui est appelée à concentrer l'activité évolutionnaire (pour rester sur le terrain des changements qu'il a choisi et ne point parler de révolution). C'est en elle que repose l'esprit de l'évolution sociale actuelle ; c'est elle qui est la réalisation de l'essence du socialisme. Et, en effet, il observe que si les réformes réclamées en Allemagne par la social-démocratie ressemblent beaucoup à celles que réclament les socialistes d'État et les radicaux bourgeois (p. 196), la différence est dans « l'esprit dans lequel ces réformes sont poursuivies » -, mais, se demande-t-il, ce feu ne pourrait-il pas s'éteindre et M. Spencer

la liberté, à la justice, à la dignité personnelle, autant qu'à la vie. Ils ne se plaignent pas seulement de l'injuste répartition des richesses, mais de tout ce qui froisse leurs sentiments : de la tyrannie gouvernementale, de l'injuste application des lois, de la participation à des guerres engagées par les classes dirigeantes, de tous les maux et de tous les contrastes qu'ils sont condamnés à subir et à faire subir dans l'ordre social actuel » (p. 27). Ces considérations ne prouvent rien contre Marx, mais il faut en tenir grand compte.

1 « La principale impulsion au renouvellement de la société vient de la classe ouvrière et spécialement du noyau qui travaille à s'organiser » (p. 29).

Pour ou contre le socialisme

n'a-t-il pas formulé la loi de la difficulté croissante des réformes [1] ?
Il dit qu'il faut ramener la différence à, la considération des
classes et que « pour la social-démocratie, les principaux, sinon
les uniques intéressés à la solution du problème social, étant les
ouvriers, la première condition du triomphe pour le socialisme est
l'existence d'un mouvement populaire, qui en impose la réalisation
aux classes dirigeantes » (p. 197).

Sans doute, le mouvement socialiste ne consiste pas seulement
dans « le mouvement des ouvriers organisés pour la résistance,
devenant, chemin faisant, un mouvement politique » (p. 35). Je
reconnais, avec l'auteur, qu'il s'étend, aujourd'hui, sur toute la
société, qu'il revêt des allures prodigieusement variées ; - mais je
maintiens que si ce mouvement est socialiste, c'est parce que les
conditions actuelles sont telles que tous ses adhérents ne peuvent
rien sans la classe ouvrière (évoluant suivant le schéma donné
par Marx) et qu'ils ont le sentiment de la position du vrai moteur
social moderne [2].

C'est en cela que consiste l'unification des classes, que M.
Merlino croit découvrir ; il y a non pas unification, mais passage
de *l'Esprit* à la classe ouvrière [3]. Il y a un mouvement à direction
bien déterminée ; les classes ne sont plus des choses mélangées,
abandonnées à leurs mouvements naturels ; elles sont dominées
par les énergies qui se développent dans une classe en nouvelle
formation. C'est celle-ci qui donne à la civilisation naissante les
qualités qui vont la caractériser et que l'on ramènera au principe

1 C'est une des formes de la loi si célèbre et si peu exacte des rendements décroissants,
que Stuart Mill a si longtemps défendue contre toute évidence.
2 S'il y a autre chose que des rapports d'ouvriers à patrons, l'antagonisme fondamental
du mode de production capitaliste se fait sentir dans tous les rapports sociaux d'une
manière assez vive pour créer une interdépendance active, provoquer des centres
secondaires de mouvement et donner un caractère particulier à la *conscience moderne*.
C'est là ce que les marxistes soutiennent ; M. Merlino est, souvent, bien près de le
leur accorder.
3 « Nous savons qu'actuellement il n'y a pas un seul peuple qui porte ainsi un nouveau
principe historique universel, mais que cela est fait par une classe déterminée, le
prolétariat, dans tous les pays civilisés. Nous ne serons pas infidèles à l'esprit de
la philosophie de Hegel en disant qu'en face du prolétariat révolutionnaire toutes
les classes ne comptent dans l'histoire universelle qu'autant qu'elles ont favorisé
ou empêché le mouvement prolétarien. Tendre délibérément vers un grand but
historique, voilà le legs politique de la philosophie idéaliste » (G. PIEKHANOFF,
La philosophie d'Hegel, *Ère nouvelle*, novembre 1894).

Georges Sorel

socialiste. Elle réagit sur toute la structure sociale, mais elle n'en supprime pas, nécessairement, la variété : autre chose est de dire qu'une force est prépondérante, autre chose est de dire qu'elle existe seule : c'est cette simplification que l'on fait quand on réduit la société à deux classes. Cette simplification, - commode pour faire comprendre théoriquement la lutte des classes, - nous empêche de voir les vrais mouvements et nous cache l'histoire dans laquelle nous vivons.

J'ai rapproché plus haut la conception de M. Merlino de celles des saint-simoniens ; mais j'ai signalé, en même temps, une différence vraiment substantielle entre les deux doctrines. Le saint-simonisme est hiérarchique et autoritaire ; le socialisme de M. Merlino est égalitaire et juridique. Les utopistes ont bien de la peine à comprendre l'importance que les historiens des institutions attachent au droit : ils sont préoccupés uniquement d'établir l'ordre là où existe l'anarchie, de faire régner la vraie justice, soit en faisant que les hommes deviennent tous bons, soit en investissant d'un pouvoir illimité des autorités toujours sages. Tout au plus peuvent-ils admettre qu'il se glisse quelquefois des erreurs dans les décisions des autorités, et alors ils consentent à prévoir un appel devant des commissions ou des assemblées, d'autant plus sages qu'elles sont plus nombreuses. Ils ont hérité de la naïve confiance de nos pères dans l'opinion publique, dans le contrôle efficace des pouvoirs électifs [1]. Toute action juridique leur semble une révolte anarchique ! Oser opposer la volonté d'un seul à la volonté de tous au nom d'un texte, c'est le retour à la barbarie des simples civilisés !

Les questions juridiques sont rarement abordées par les écrivains socialistes ; mais cette lacune ne pouvait subsister longtemps du moment que l'Italie prenait une part active au mouvement socialiste. Dans le sens où l'on peut dire qu'un pays a une mission historique, la mission historique de l'Italie a été de donner le droit à l'Europe : et je ne fais pas seulement allusion ici à son vieux droit romain ; cette mission, elle l'a remplie encore durant tout le Moyen Âge avec le droit canon et en créant la *pratique criminelle* ; ses

1 STUART MILL (qui était souvent bien naïf) admire les garanties que présente pour la bonne gestion des affaires publiques la grande publicité des débats parlementaires : il n'avait jamais entendu parler des fournitures militaires de son pays. Mais ce qui est plus étonnant c'est que César de PAEPE ait reproduit cette naïveté (*De l'organisation des services publics dans la société future*, p. 33).

grands philosophes, aussi bien saint Thomas que Vico, sont, avant tout, des juristes.

M. Merlino apporte dans l'étude du socialisme cet esprit juridique, qui a fait la gloire de son pays et dont il est fortement imbu. « Même dans une société collectiviste, les rapports entre individus (et entre groupes) devront être soustraits à la volonté et à l'arbitraire des administrations et des bureaucrates, des majorités et des minorités, et réglés par des principes juridiques » (p. 51).

Sans doute les socialistes n'apportent pas dans leurs études les mêmes préoccupations que les conservateurs, qui « se font des idoles de l'État, de la propriété, de la patrie », tandis que pour les socialistes « la vie des hommes, leur bien-être, leur moralité, sont tout » (p. 60).

Bien qu'on ait beaucoup écrit, dans ces dernières années, sur la propriété, la famille et l'État, la dispute a surtout porté sur des *mots,* les uns entendant par ces vocables un groupe de relations, les autres un autre (p. 60) ; - si bien que novateurs et conservateurs se battent pour des abstractions, « liberté et bien-être de l'individu, bien public et ordre public » (p. 61).

M. Merlino pose sa thèse générale sous la forme suivante ; « Les relations qui forment le contenu de la famille, de la propriété et de l'État, sont la vie même, constituent l'homme et la société, et ne peuvent se détruire sans détruire en même temps l'individu et la société » (p. 32). Dans la *Critica sociale,* l'auteur du compte rendu dit : « Cela est parfaitement reconnu et naturel ; mais la critique socialiste ne s'est jamais élevée contre les relations qui forment le contenu *(sostrato)* de la famille, de la propriété et de l'État, mais contre les *formes* que ces relations ont revêtues. » Il ajoute que M. Merlino combat ici « les équivoques dans lesquels a pu tomber quelque socialiste de troisième ou de quatrième ordre. » Mais ne nous laissons pas duper par des mots, comme on l'a fait si souvent, et examinons les choses de près.

La famille, telle que la comprennent, encore aujourd'hui, beaucoup de socialistes, n'est plus une famille que de nom : débarrassée du ménage, de l'éducation des enfants, réduite à une union sexuelle qui se rompt dès que l'ennui naît de l'uniformité. Le vrai contenu de la famille est tout autre chose qu'un lien instinctif et temporaire :

Georges Sorel

c'est un ensemble de relations destinées à l'amélioration morale des êtres groupés, fondées sur la réciprocité des sacrifices joyeusement accomplis, ayant d'autant plus de stabilité qu'elles restent davantage ce qu'elles sont spécifiquement et qu'elles sont moins altérées par les influences sociales extérieures [1]. La famille, telle que je la conçois, n'a besoin d'aucun lien légal et elle est la base de notre moralité.

Il me semble que M. Merlino comprend la chose de la même manière : il veut que la famille bourgeoise, formée par l'union d'une profession et d'une dot, ne survive pas (p. 68) ; et, en effet, elle constitue une subordination de la base morale de la famille aux conditions économiques et au système juridique qui leur correspond ; - il veut que la communauté ne se substitue pas, en règle générale, à la famille pour élever les enfants, remplaçant les soins désintéressés par « une assistance mercenaire » (p. 71) ; - s'il repousse les liens légaux, il ne veut pas que l'union vulgivague remplace les unions actuelles (p. 73). La famille deviendrait plus libre, en manifestant davantage ce qu'elle est, union morale. Sans liberté ; pas de morale [2] !

Par le terme propriété, il faut entendre système d'appropriation dans toutes les situations qui peuvent se présenter dans un état économique donné. On ne peut parler d'appropriation qu'en se donnant, en même temps, un régime de production [3] : de là résulte

---

1 C'est à tort qu'on a voulu faire de la famille (considérée dans sa nature spécifique) le noyau de la société, « l'unité organique sociale » ; elle n'a pu être cela que par le mélange avec d'autres éléments. Le travail du socialisme consiste donc surtout à la différencier de l'économie. Les défenseurs de la famille (étrange ironie de la philosophie sociale) veulent, au contraire, la noyer dans l'économie et dans la hiérarchie politique. Quelques savants en font une simple organisation de reproduction et rêvent de haras sociaux ; d'autres veulent limiter le nombre des enfants.

M. Merlino dit qu'on ne peut prévoir comment le problème de la population sera posé et résolu dans la société socialiste (p. 72). Ce qui a été écrit sur ce sujet par les vulgarisateurs est passablement ridicule et nous n'avons aucun moyen de raisonner sur ces questions.

2 C'est une idée que M. MERLINO exprime avec éloquence : « Un système dans lequel tout accès au mal serait fermé n'existe pas encore et ne sera jamais, sans doute, inventé ; - en effet, un système qui tendrait à enlever à l'individu la possibilité de faire le mal, lui enlèverait aussi nécessairement la possibilité de faire le bien ; il constituerait, par cela même, la plus grave violation imaginable de la liberté et de la justice » (p. 44).

3 C'est pourquoi MARX signale l'erreur de ceux qui à la société capitaliste déjà faite

une certaine confusion dans les discussions socialistes sur la propriété future ; il faut, en effet, proposer, tout d'abord, des hypothèses sur l'ordre économique.

Notre auteur veut conserver une émulation industrielle « comme garantie de l'activité pour le meilleur et le plus profitable emploi des choses et du travail » (p. 233). Le maintien de l'émulation ne semble pas contestable : mais le terme de concurrence est impropre [1] : ce qu'on veut atteindre, c'est la production du plus grand nombre de choses utiles, alors qu'aujourd'hui, dans beaucoup de pays (Italie surtout), les capitalistes ne cherchent pas l'emploi le plus utile de leur capital [2], le placent plutôt en rentes que dans l'agriculture (p. 163). M. Merlino relève, très justement, que le savant n'est pas seul à travailler pour la gloire, que les ouvriers donnent, tous les jours, des preuves d'émulation qui ne peuvent pas s'expliquer par le seul intérêt individuel. Les affections des siens sont pour l'ouvrier la vraie récompense de sa fatigue et de ses dangers. « La récompense matérielle n'est qu'un des motifs de l'activité productrice et pas toujours le principal... Peu nombreux sont ceux qui travaillent par la grossière avidité de l'accumulation » (p. 166).

Pour répartir les moyens de production entre les groupes, on mettrait ceux-ci en concurrence et on donnerait la préférence à celui qui offrirait d'en faire l'emploi le plus productif (p. 232). Mais il me semble inutile d'entrer dans la discussion de projet de ce genre.

Souvent on dit que le socialisme veut détruire l'État et on trouve, en effet, certains passages d'auteurs considérables qui rappellent les théories de Bakounine et de Kropotkine (p. 15) ; il faut se souvenir que dans la terminologie marxiste le mot État a un sens tout différent de celui qu'il a dans la langue ordinaire, - ce qui n'est point pour rendre les discussions fort claires. Ce que poursuit le socialisme, c'est « la désorganisation de l'État comme être politique », cette désorganisation est, d'ailleurs, commencée

appliquent les notions de droit et de propriété léguées par une société précapitaliste (Capital, p. 343, col. 1).

1 « La concurrence n'est pas l'émulation industrielle, C'est l'émulation commerciale. De nos jours l'émulation industrielle n'existe qu'en vue de commerce » (MARX, *Misère*, etc., p. 203).

2 « Le temps de production sociale qu'on consacrait aux différents objets serait déterminé par leur degré d'utilité sociale » (MARX, *Misère*, etc., p. 83).

Georges Sorel

et sollicitée de divers côtés : il y a partout une tendance à mettre beaucoup d'intérêts généraux en dehors de l'ingérence politique, de l'arbitraire gouvernemental, on cherche à constituer des organismes techniques autonomes (p. 80) [1].

La difficulté commence dès que l'on veut préciser -, et notre auteur se livre, à ce sujet, à une discussion pleine d'intérêt.

Les administrations sont formées d'hommes ; et l'expérience a surabondamment prouvé que les pauvres peuvent se constituer en groupes dominateurs dans leur propre intérêt. L'abolition de la propriété privée ne serait même pas une garantie suffisante, comme sernblent le croire la plupart des social-démocrates (p. 194 et 249). On peut concevoir une société organisée suivant un plan collectiviste, qui ne serait pas vraiment socialiste, dans laquelle « quelques-uns, travaillant peu et consommant beaucoup, contraindraient, en fait, les autres à travailler en partie pour eux » (p. 42) ; car « les *formes* du socialisme peuvent être employées à en détruire l'essence », de même que le christianisme a perdu sa substance primitive, pour ne garder que le cérémonial, remplaçant la religion par la superstition (p. 43).

« La collectivité ne peut pas exercer le pouvoir public en masse, c'est-à-dire par la coopération effective de tous ses membres » (p. 267). M. Merlino pense que l'on n'a pas dit grand-chose quand on a parlé de la dictature du prolétariat ; « ce serait, en fait, la dictature du parti [social-démocrate], ou plutôt celle de l'état-major du parti » (p. 25). Il y a là une question qui mériterait d'être étudiée de près ; il me paraît certain que Marx n'a pas compris la dictature du prolétariat dans le sens d'une administration effective de la masse, mais dans le sens d'une pression si énergique et si tenace du prolétariat sur les pouvoirs - constitués en période révolutionnaire d'une manière toujours faible, incapables de s'organiser automatiquement - que les aspirations des classes ouvrières puissent se faire jour et l'essence du socialisme se réaliser. Il resterait à rechercher les obstacles qui peuvent se présenter.

Le danger des autorités centrales solidement constituées semble

---

1 Cette tendance existe plutôt dans les esprits que dans les faits : l'expérience montre, en effet, que partout les administrations deviennent plus corrompues par la politique : les hommes qui parlent toujours de respect, d'autorité, de gouvernement, *les républicains sérieux*, ont pourri tout ce qu'ils ont touché.

être de plus en plus senti. M. Merlino dit que les socialistes indépendants ont compris « la nécessité de combattre la centralisation, de renoncer au plan unique de production et de distribution des richesses, de chercher des organisations sociales » permettant la liberté d'allures (p. 191). Il signale, en même temps, que M. Bernstein ne se prononce pas sur la question de savoir si l'État s'emparera de la *direction* effective de la production ou la contrôlera seulement, - que M. Vandervelde accepte le maintien de la petite industrie et la substitution de coopératives à certaines industries capitalistes (p. 192). On aboutit donc à la conclusion que l'ordre socialiste ne sera pas simple (comme croyaient les utopistes), mais prodigieusement complexe.

Ces conceptions économiques ne me semblent pas très heureuses malgré l'autorité incontestable d'un homme comme M. Bernstein [1], je crois qu'on s'éloigne ainsi singulièrement de l'esprit marxiste et que, s'il y a des corrections à apporter à la pensée du maître, ce n'est pas dans le sens d'un éclectisme de ce genre. Mais je ne rapporte ces opinions que pour montrer que, de toutes parts, pénètre l'idée d'une administration variée de la production.

« Il faut renoncer aux solutions uniques, aux systèmes faits tout d'une pièce. L'organisation politique de la société socialiste ne sera ni un gouvernement de majorité, ni un gouvernement de capacitaires, ni un gouvernement direct, ni un gouvernement représentatif ; mais sera nécessairement un système mixte » (p. 264). Et il ajoute, un peu plus loin, que l'efficacité des combinaisons « dépend de la puissance du sentiment public et de l'ensemble des rapports sociaux » (p. 269).

M. Merlino observe qu'il y a une grande analogie entre les principes démocratique et anarchiste, pris d'une manière abstraite (pp. 38-39). La différence essentielle tient à ce que la démocratie, pour passer à la pratique, doit se fonder sur une *fiction de droit,* admettre que le vote d'une *certaine* majorité fournit l'expression de la *volonté générale,* supposer que la minorité accepte sa défaite comme la preuve de son erreur ; -les anarchistes veulent

---

1 Dans le compte rendu de la *Critica sociale,* je trouve rapportée cette opinion de M. Bernstein : « Nous devons nous libérer de l'idée que nous marchons à un état social complètement collectiviste. Nous devons nous habituer à l'idée d'un collectivisme partiel. »

Georges Sorel

transformer cette fiction juridique en une réalité psychologique. Par cette singulière conception métaphysique, ils se mettraient en dehors de toute discussion possible, s'ils n'étaient inconséquents souvent avec leurs principes abstraits ; les anarchistes communistes admettent un travail minimum obligatoire, le rationnement ; ils ne sont plus ainsi complètement anarchistes (p. 216). S'ils voulaient traduire leurs conceptions d'une manière juridique, ils arriveraient à reconnaître les principes ordinaires d'organisation.

Les anarchistes pensent qu'une fois détruites les institutions actuelles, « les individus deviendraient conscients de la solidarité de leurs intérêts » (p. 212) ; c'est une hypothèse bien forte, qui n'a d'autre objet que de dissimuler la *fiction* sur laquelle repose la vie de tout groupe, fiction en vertu de laquelle on accepte comme *rationnelles* des décisions qui résultent d'un simple compromis : aucun groupe n'existe sans cela (p. 202) ; - aussi M. Merlino peut-il dire que les groupes prévus par les anarchistes ne peuvent naître et se maintenir que par l'intervention d'une *providence secrète* (p. 216).

Il leur faut supposer que le crime disparaîtra avec les institutions actuelles ; M. Merlino n'est pas assez optimiste pour accepter cette belle utopie ; il pense que si beaucoup de crimes disparaîtront, beaucoup d'actions anti-sociales, aujourd'hui tolérées, devront être réprimées -, « la réaction contre le mal existera encore dans la société future » ; enfin n'est-il pas permis de penser qu'une masse amorphe offrirait une proie facile aux groupes cherchant à l'opprimer (p. 218) ?

Il me semble que la discussion engagée contre la théorie de M. Sighele, relativement aux assemblées, n'est pas assez approfondie. Ce qui se passe dans les congrès scientifiques est, en effet, tout le contraire de ce que dit M. Merlino : ces assemblées ne font jamais de bonne besogne, quand ils se mêlent de statuer sur quoi que ce soit (p. 256) ; leur utilité, assez problématique d'ailleurs, consiste à permettre des conversations intéressantes entre savants, en dehors des congrès. A-t-on jamais vu une commission scientifique aboutir à quelque chose d'important, à moins qu'elle soit assez sage pour homologuer le rapport d'un seul individu ? Quant aux garanties présentées par les corps savants, les expériences de Creil en ont donné la mesure ; M. Cornelius Herz ne trouva que des complaisants dans l'institut de France.

Fort heureusement, les assemblées politiques n'ont pas à résoudre des questions scientifiques, mais à apprécier si certaines règles sont conformes au sentiment général ; cela, elles peuvent le faire, dans une certaine mesure. Quant au gouvernement par la science, cela me semble être une utopie plus utopique encore que celle de Platon.

Suivant le principe de Marx, la science doit sortir de l'action, le mouvement de la pensée exprimer le mouvement réel. Les théories socialistes se sont complètement transformées depuis que la grande industrie a envahi et dominé l'Allemagne, la France et l'Italie. Mais une transformation nouvelle doit se produire, maintenant que l'activité pratique des groupes socialistes s'est transportée sur le terrain politique, maintenant qu'ils ont une influence sur la marche des affaires.

Plus on va, plus on se débarrasse de tout le bagage aprioristique, légué par le passé. Ce qui est *spécifiquement* la conception marxiste me semble assez large pour pouvoir contenir les nouvelles théories à élaborer ; mais il est évident qu'il ne faut pas aborder ces difficultés avec un esprit théologique ; il faut s'inspirer de l'esprit plutôt que des textes [1]. M. Andler [2] voit dans les recherches des marxistes actuels « les variations d'une orthodoxie sur son déclin » et les preuves de la *décomposition du marxisme*. Le tout serait, peut-être, de s'entendre sur le sens des termes : car la vitalité d'une doctrine scientifique se mesure moins à la fidélité à des formules qu'à la hardiesse et à l'indépendance des disciples. Les cartésiens

---

1 Cela est d'autant plus nécessaire que les textes de MARX sont, très souvent, d'une interprétation difficile : rien ne ressemble tant à la *Philosophie de ta nature* de HEGEL que le *Capital.* Marx a créé une terminologie ou plutôt plusieurs (la huitième section du premier volume du *Capital* diffère très sensiblement des autres) ; - les mots sont tantôt employés dans un sens technique étroit, tantôt comme signes collectifs, tantôt dans un sens symbolique, tantôt dans le sens vulgaire ; - des formules abstraites sont souvent présentées sans préparation ; -les formules symboliques ne sont pas rares ; - enfin il existe des différences assez notables entre l'édition française et la dernière édition publiée par Engels : - la traduction française n'est pas toujours sûre parce que notre langue se prête fort mal à représenter des abstractions d'une manière vivante, comme cherche souvent à faire Marx à l'exemple de Hegel.
Il serait à désirer qu'on publiât, à l'usage des lecteurs français, un fascicule contenant les variantes.
2 *Art. cité*, pp. 644 et 658.

Georges Sorel

ont été très fidèles aux tourbillons, aux esprits animaux, à tout le fatras de leur maître ; leur interprétation de la nature n'a pas dépassé les limites de la bonne société. Les newtoniens ont été des disciples très infidèles ; dans leur immense travail de construction de la mécanique, de la physique mathématique et de l'astronomie, ils ont souvent rejeté, sans le moindre scrupule, les opinions de Newton ; Fresnel, en refaisant l'optique, a été un newtonien très classique par sa méthode. Ce n'est que depuis quelques années, depuis les progrès de la thermodynamique, que l'on a commencé à élaborer une théorie de la nature différente et cherché à abandonner la conception atomico-dynamique, le neutonianisme.

Des livres comme celui de M. Merlino seront très utiles, en forçant à approfondir les questions, à faire des distinctions nouvelles, à séparer mieux ce qui est hypothèse de ce qui doit prendre place désormais dans la science.

Plus on approfondira ces difficultés, plus on s'éloignera de la conception des lois *historiques fatales*, plus on reviendra à comprendre l'importance des règles données par Marx pour étudier l'histoire, plus on se pénétrera de l'importance des idées de liberté et de responsabilité morales [1], - plus aussi on sera à même de perfectionner la théorie suivant les besoins de la pratique.

---

1 Quand on nie la liberté, le devoir, la responsabilité morale, quand on proclame l'existence des lois économiques et historiques fatales et immuables, les notions de bien et de mal, de licite et d'illicite, deviennent étrangement confuses » (p. 375). Cf. B. CROCE, *Sulla concezione materialisca della storia*, p. 17.

Pour ou contre le socialisme

ISBN : 978-1533118387